现代教育技术实验教程

XIANDAI JIAOYU JISHU
SHIYAN JIAOCHENG

主　编◎任淑艳　田　鸿

副主编◎范春辉　邱红艳　谢　翌

重庆大学出版社

图书在版编目(CIP)数据

现代教育技术实验教程/任淑艳,田鸿主编.-- 重庆:重庆大学出版社,2020.1(2025.1重印)

ISBN 978-7-5689-1947-0

Ⅰ.①现… Ⅱ.①任…②田… Ⅲ.①教育技术学—高等学校—教材 Ⅳ.①G40-057

中国版本图书馆 CIP 数据核字(2019)第 280105 号

现代教育技术实验教程

主 编 任淑艳 田 鸿

副主编 范春辉 邱红艳 谢 翌

策划编辑:章 可

责任编辑:文 鹏 版式设计:章 可

责任校对:邹 忌 责任印制:赵 晟

*

重庆大学出版社出版发行

出版人:陈晓阳

社址:重庆市沙坪坝区大学城西路 21 号

邮编:401331

电话:(023)88617190 88617185(中小学)

传真:(023)88617186 88617166

网址:http://www.cqup.com.cn

邮箱:fxk@ cqup.com.cn(营销中心)

全国新华书店经销

重庆升光电力印务有限公司印刷

*

开本:787mm×1092mm 1/16 印张:4.5 字数:105 千

2020 年 1 月第 1 版 2025 年 1 月第 6 次印刷

ISBN 978-7-5689-1947-0 定价:15.00 元

前言
QIANYAN

本书作为《现代教育技术》的实验教程，侧重于培养学生的实践动手能力。本书以培养计算机操作应用能力为主要目标，注重不同软件的理论知识及实践操作的应用，强调动手能力的培养，顺应时代发展对大学生实践操作能力的要求。

本书共分为4章，对4类软件进行了详细的实例解析。第1章主要讲述了Photoshop软件的操作实例，包括Photoshop基本工具的使用、图像色彩的调整、图像的修复、图像的合成以及文字的处理等；第2章主要讲述了Flash软件的操作实例，包括Flash基本工具的使用、逐帧动画实例、形状补间动画实例、动画补间动画实例、遮罩动画实例、引导层动画实例以及简单的交互式动画实例等；第3章主要通过两个综合实例，详细解析了在制作PPT的过程中用到的主要知识点；第4章主要侧重于介绍音频和视频软件的使用，包括两个基本软件的简单介绍以及对应具体实例解析等。

本书编写工作由重庆人文科技学院从事教育技术教学和研究工作的一线教师们共同完成，由任淑艳、田鸿老师主编，第1章由范春辉老师编写，第2章由邱红艳老师编写，第3章由任淑艳老师编写，第4章由谢翌老师编写。

本书可作为大、中专院校非计算机专业的教材或教学参考书，也可作为计算机爱好者的自学用书。

由于编者水平有限，尽管我们尽了最大的努力，但书中仍难免有不妥之处，恳请读者批评指正。

编　者
2019 年 9 月

目 录

MULU

第1章 平面素材的获取与加工——Photoshop 软件实例

1.1 Photoshop 基本工具简介

在使用 Photoshop 处理图片或者文字之前,应该首先掌握 Photoshop 的工作界面、工具箱、工具选项栏、菜单和面板,然后再进行图像文件的新建与保存、打开与关闭的练习。所有工具里,最先了解或者掌握的应该是练习选区的创建、编辑与应用。

实例1 使用"置入"命令置入图像和矢量图形

1.实验目的

(1)熟悉 Photoshop 工作界面。

(2)掌握图像文件新建、保存。

(3)掌握文件的置入。

2.实验要求

使用"置入"命令置入图像和矢量图形。

3.实现步骤

(1)执行"文件"→"新建"命令或按快捷键 Ctrl+N,弹出如图 1.1 所示对话框。

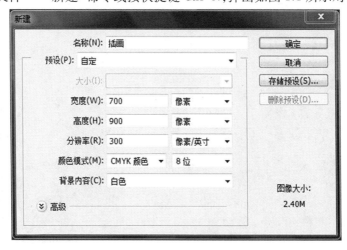

图 1.1 "新建"对话框

（2）在"新建"对话框中设置"名称"为"插画"，"宽度"为700像素，"高度"为900像素，"分辨率"为300像素/英寸，"颜色模式"为CMYK颜色，"背景内容"为白色。

（3）单击"确定"按钮，新建一个图像文件，如图1.2所示。执行"文件"→"置入"命令，弹出"置入"对话框，选择要置入的文件，这里选择本案例的素材文件"边框.tif"，如图1.3所示。

图1.2　新建的文件

图1.3　"置入"对话框

（4）单击"置入"按钮，这时会出现一个浮动的对象控制框，调整其大小，按Enter键确认置入。

（5）再次执行"文件"→"置入"命令，在弹出的置入对话框中选择本案例素材文件"girl.ai"，单击"置入"按钮，弹出"置入PDF"对话框，如图1.4所示，单击"确定"按钮，调整大小。

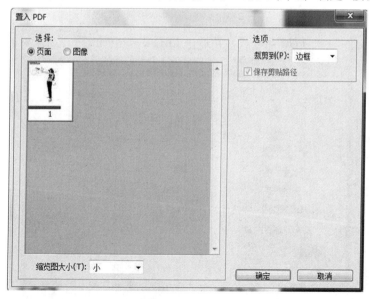

图1.4　"置入PDF"对话框

（6）执行"文件"→"存储"命令或按快捷键 Ctrl+S，保存图像。效果如图 1.5 所示。

图 1.5　效果图

实例2　卷边效果的实现

1.实验目的

（1）熟悉图层的概念。

（2）熟练掌握"矩形选框"工具的使用。

（3）掌握"编辑"→"透视"的用法。

（4）学会 3 种渐变色的调色。

2.实验要求

实现卷边效果的制作。

3.实现步骤

（1）打开给定的图片"Fruit.jpg"，在图层面板上新建一个图层。

（2）在新图层上利用"矩形选框"工具绘制出一个矩形选区，并填充黑→白→黑的 3 色渐变。渐变色填充方法：找到"渐变"工具，选择黑白线性渐变色，双击打开"渐变编辑器"，如图 1.6 所示。

图 1.6　三色渐变的修改

鼠标在边上单击即可添加色标,从左到右的 3 个色标的颜色依次是黑色、白色、黑色,双击对应色标即可进行颜色的选择。颜色调整完毕后,单击"确定"按钮,在矩形选框内部按住 Shift 键横向拖拽生成所需要的 3 色填充色,之后按快捷键 Ctrl+D 取消选区。

(3)执行"编辑"→"变换"→"透视"菜单命令,进行横向拖拽,使之变为一个锥体,按 Enter 键确认,如图 1.7 所示。

图 1.7　执行"透视"后的效果图

(4)使用"椭圆选框"工具,删除锥体底部的一部分使之下半部分出现弧形,效果如图1.8 所示。

(5)按快捷键 Ctrl+T,调出自由变换控制框,调整图像大小,旋转锥体,使其斜放在图片的右下角,并通过锥体把图片右侧三角封闭成闭合区域。

（6）用"魔术棒"工具选择图像右下角的封闭区域，鼠标单击回到背景层，按 Delete 键删除。效果如图 1.9 所示。

图 1.8 利用椭圆剪出弧度

图 1.9 卷边最终效果图

1.2 实现图像的色彩调整

本小节的学习和练习，要求大家了解图层混合模式的使用、图像的绘制、图像色彩的调整以及"移动"工具的使用，从而能完成对图像色彩的美化。

实例 3 炫彩人物制作

1. 实验目的

（1）掌握"渐变"工具的使用。

（2）掌握对图像的变换。

（3）掌握图层的模式设置。

（4）掌握对图像色彩的调整。

2. 实验要求

制作炫彩人物。

3. 实现步骤

（1）执行"文件"→"新建"命令，新建一个 15 cm×20 cm，"分辨率"为 300 像素/英寸的 RGB 图像文件。

（2）按 D 键复位前景色和背景色，选择"渐变"工具，在工具选项栏中设置渐变预设为"前景色到背景色渐变"的径向渐变，并勾选"反向"选项。在画面中拖拽出从白到黑的径向渐变，如图 1.10 所示。

（3）打开素材"背景.tif"，使用"移动"工具将其拖入新建文件中，创建"色彩"图层。按快捷键 Ctrl+T，调出自由变换控制框，调整图像大小和位置，如图 1.11 所示。

图 1.10　创建的径向渐变

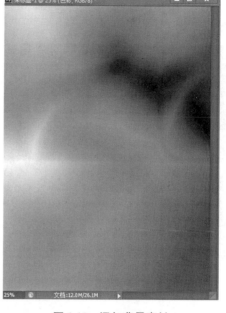

图 1.11　添加背景素材

（4）单击"图层"面板"正常"模式右侧的下拉按钮，从弹出的"混合模式"下拉列表中选择"叠加"选项，从而得到色彩更为淡雅的背景，如图 1.12 所示。

图 1.12　设置图层混合模式为"叠加"

（5）打开素材"人物.tif"，将其拖入新建文件中，创建"人物"图层。按快捷键 Ctrl+T，调整图像大小和位置，效果如图 1.13 所示。

（6）执行"图像"→"调整"→"黑白"命令,打开"黑白"对话框。保持默认设置不变,单击"确定"按钮,去掉人物的色彩,效果如图 1.14 所示。

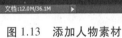

图 1.13　添加人物素材　　　　　　　　　图 1.14　去色后效果

（7）执行"图像"→"调整"→"色阶"命令或按快捷键 Ctrl+L,调出"色阶"对话框,拖动"输入色阶"直方图下面的黑色与白色滑块,增加图像的对比度,如图 1.15 所示。

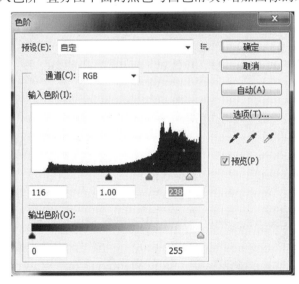

图 1.15　调整色阶增加图像的对比度

（8）单击"图层"面板底部的"创建新图层"按钮,新建"图层 1"。选择"画笔"工具,使用"柔边圆"画笔在人物身上点缀绘制红、黄、蓝等艳丽的颜色,如图 1.16 所示。

（9）将"图层 1"的混合模式设置为"滤色"。设置前景色为白色，新建"图层 2"，选择"画笔工具"，使用"柔边圆"画笔在画面上画出不同大小的白色光点，丰富画面，最终完成炫彩人物的制作，如图 1.17 所示。

图 1.16　绘制艳丽的颜色　　　　　　　　图 1.17　炫彩人物

1.3　实现图像的修复

实例 4　利用"修复"工具和"图章"工具对旧画像进行修补

1.实验目的

掌握"修复画笔""修补""仿制图章"等工具的使用。

2.实验要求

进行图像的修复。

3.实现步骤

（1）执行"文件"→"打开"命令，在弹出的"打开"对话框中找到素材图像文件"旧画像.jpg"并打开。

（2）选择工具箱中的"缩放"工具，在图像上单击，将图像放大；选择工具箱中的"抓手"工具，将要修复的图像区域拖动到窗口可视区域中。

（3）单击工具箱中的"修复画笔"工具，按住 Alt 键，在疵点旁图像完好且颜色相近的地方单击，该处像素被选中；松开 Alt 键，将鼠标移到疵点处拖动，松开鼠标左键后，该处即被修复。在菜单栏下方的工具选项栏中通过改变笔刷的属性,可以调整修补范围的大小和效果。直径越大,修改的部分越大;硬度越大,修改的效果越明显,如图1.18所示。

图1.18　"修复画笔"工具

(4)对于大面积的残损,可以使用"修补"工具来修复。选中工具箱中的"修补"工具💠,在工具选项栏中选择"源",用"修补"工具圈选残破图像,用鼠标拖动到旁边图像完好且颜色相近的位置,松开鼠标,该处残损即被修补完好。

使用这两种工具,经过反复、细致的修补后,照片基本上完好如初了,如图1.19所示。

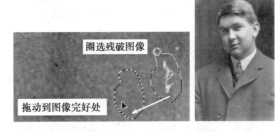

图1.19　"修补"工具及图像效果

(5)选择工具箱中的"仿制图章"工具🖳,按住 Alt 键,在照片左下角纽扣上单击,该处像素被选中;松开 Alt 键,将鼠标移到右侧对称处拖动,可以看到左侧选择的图像在右侧出现了;用同样的方法在上面的纽扣对应位置也仿制一个纽扣,如图1.20所示。

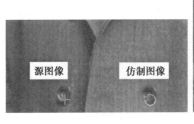

图1.20　"仿制图章"工具及图像效果

(6)执行"文件"→"存储为"命令,选择保存的位置,选择"Photoshop"格式,文件名为"修复的画像.psd",将最终的图像保存。

实例 5　对艺术照进行处理

1.实验目的

熟练掌握几种编辑和修饰工具的属性及使用方法。

2.实验要求

处理艺术照。

3.实现步骤

(1)打开"艺术照"素材图像,执行"选择"→"全选"命令。

(2)执行"编辑"→"变换"→"缩放"命令,将其缩放比例设为20%,按快捷键 Ctrl+C 复制。

(3)新建一个空白文档,复制(按 Ctrl+V)上一步骤所缩放的图片。

(4)执行"图像"→"调整"→"黑白"命令,使用默认参数,效果如图 1.21 所示。

(5)使用"矩形选框"工具选择图像区域,如图 1.22 所示。

图 1.21　黑白效果　　　　图 1.22　矩形选框选择

(6)执行"编辑"→"定义图案"命令,如图 1.23 所示。

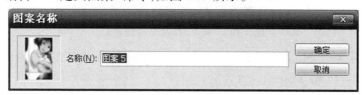

图 1.23　定义图案示意

(7)新建一个空白文档,选择"编辑"→"填充"命令,弹出对话框,设置参数,如图 1.24 所示。填充时也可使用"图案图章"工具进行涂抹。

(8)打开素材,将图像粘贴到当前图像中,并对图层 1 进行"色相饱和度"的调整,最后的效果如图 1.25 所示。

图 1.24　填充图案示意　　　　　　图 1.25　效果图

1.4　实现图像的合成

实验 6　涂鸦人物创意

1.实验目的

掌握选区的创建、图像的移动及图层的操作。

2.实验要求

使用 Photoshop 实现图像的合成。

3.实现步骤

(1)执行"文件"→"新建"命令或按快捷键 Ctrl+N,打开"新建"对话框,设置好各项参数,如图 1.26 所示。单击"确定"按钮,新建一个图像文件。

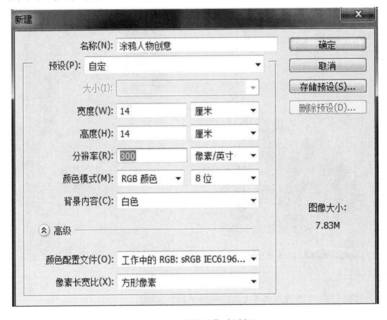

图 1.26　"新建"对话框

(2)打开素材"草地.tif",使用"移动"工具将其拖入新建文件中,在"图层"面板自动创建"草地"图层。按快捷键 Ctrl+T 调出自由变形控制框,调整好图像的大小和位置,如图1.27 所示,按 Enter 键确认变换。

(3)选择"椭圆选框"工具,在工具选项栏中设置"羽化"为 20 像素,在草地上画出椭圆形选区,按快捷键 Shift+Ctrl+I 反选选区,按 Delete 键删除椭圆形之外的草地。按快捷键 Ctrl+D 取消选区,效果如图 1.28 所示。

(4)打开素材"美女.tif",将其拖入新建文件中,按快捷键 Ctrl+T 调整好人物的大小和位置,创建"人物"图层。按住 Ctrl 键单击"人物"图层缩览图,载入人物选区,如图 1.29 所示。

(5)执行"选择"→"修改"→"羽化"命令,打开"羽化选区"对话框,设置"羽化半径"为 30 像素。设置前景色为黑色,单击"图层"面板底部的"创建新图层"按钮,新建"图层 1",按快捷键 Alt+Delete 为选区填充黑色,如图 1.30 所示。按快捷键 Ctrl+D 取消选区。

图 1.27　添加草地素材

图 1.28　完成的草地

图 1.29　添加人物并载入人物选区

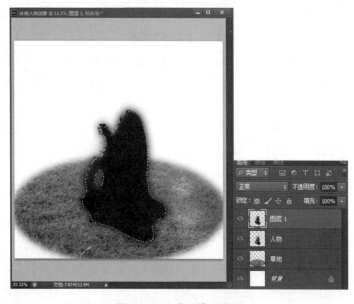

图 1.30　为选区填充黑色

（6）将"图层 1"移至"人物"图层下方，作为人物在草地上的投影。按快捷键 Ctrl+T 调出自由变换控制框，调整好投影的大小与位置，如图 1.31 所示。按 Enter 键确认变换。

图 1.31　调整投影的大小与位置

（7）打开素材"图案.tif"，拖入新建文件中，按快捷键 Ctrl+T 调整好大小与位置，创建"图案"图层，将其移到"图层 1"的下方，如图 1.32 所示。

图 1.32　添加图案素材

（8）打开素材"箭头.tif"，使用"快速选择"工具或"魔棒"工具选中图像中的白色背景。按快捷键 Shift+Ctrl+I 反选选区，执行"选择"→"修改"→"收缩"命令，打开"收缩选区"对话框，设置"收缩"为 1 像素。单击"确定"按钮，效果如图 1.33 所示。

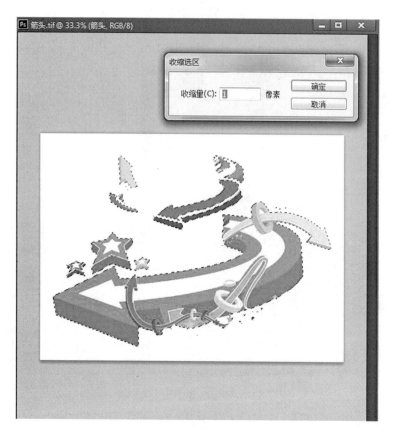

图 1.33 完成的选区

(9)按快捷键 Ctrl+C 复制选区内的图像,然后切换至新建文件中,按快捷键 Ctrl+V 粘贴图像,得到"图层 2"。使用"移动"工具调整好各个素材的位置,得到如图 1.34 所示的效果。

图 1.34 完成效果

1.5　实现图像文字的添加

实验 7　制作粉笔字

1.实验目的

(1)掌握文字的创建。

(2)掌握图层的样式设置。

(3)掌握滤镜的使用。

2.实验要求

会制作粉笔字。

3.实现步骤

(1)打开素材"黑板背景.jpg"。

(2)选择"横排文字工具",在工具选项栏中设置合适的字体、字号,文字颜色选择接近黑板背景的颜色,输入文字"欢迎新同学",效果如图 1.35 所示。

图 1.35　工具选项栏及输入文字

(3)执行"图层"→"图层样式"→"描边"命令,添加描边参数,如图 1.36 所示。

(4)单击图层面板底部的"新建图层"按钮,新建"图层 1",选择"矩形选框"工具,在"图层 1"中绘制一个矩形选区,其高度要刚好盖住文字。执行"编辑"→"填充"命令,选择白色填充,如图 1.37 所示。

(5)执行"滤镜"→"杂色"→"添加杂色"命令,设置好参数,如图 1.38 所示。

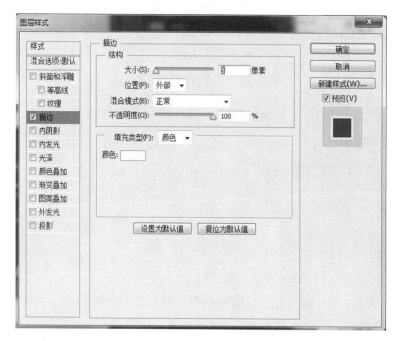

图 1.36　描边参数设置

图 1.37　矩形选区填充为白色

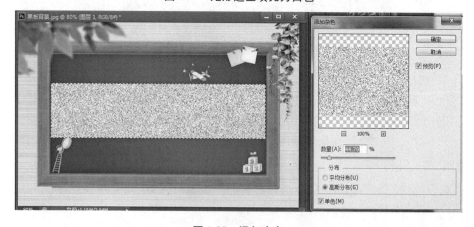

图 1.38　添加杂色

（6）执行"滤镜"→"模糊"→"动感模糊"命令，设置好参数，如图 1.39 所示。

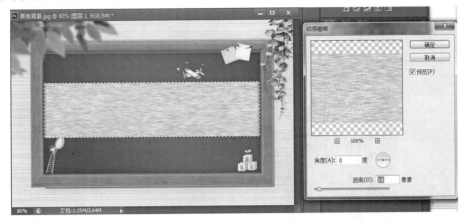

图 1.39　动感模糊

（7）执行"图层"→"创建剪贴蒙版"命令，创建一个剪贴蒙版，如图 1.40 所示。

图 1.40　创建剪贴蒙版

（8）按快捷键 Ctrl+T 调出自由变换控制框，调整角度，然后将图层模式改成滤色，如图 1.41 所示。

图 1.41　调整角度

（9）按快捷键 Ctrl+M 调出曲线对话框，进行调节曲线，最终效果如图 1.42 所示。

图 1.42　完成效果

实验 8　制作斑点文字

1.实验目的

（1）掌握通道的创建，选区的载入，选区的修改、扩展等操作。

（2）掌握对图层样式（投影、斜面浮雕等效果）的设置。

（3）掌握滤镜的使用。

（4）学会使用矢量图椭圆工具进行图形的绘制及修改。

（5）掌握滤镜库下具体效果的设置。

2.实验要求

会制作斑点文字。

3.实现步骤

（1）打开给定的图片"贺卡背景.jpg"。

（2）在"通道"面板中单击"创建新通道"按钮，创建一个新通道，默认名字为 Alpha1。

（3）选择文字工具，在"字符"面板中设置好文字的字体（微软雅黑）、字号（200 点）、颜色（白色）。在画面中单击并输入文字"贺卡"，使用"移动"工具将该文字调整到合适的位置。

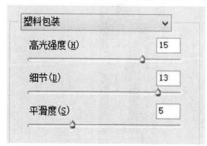

图 1.43　塑料包装的参数设置

（4）按快捷键 Ctrl+D 取消选区。在"通道"面板中 Alpha1 通道上右击选择"复制通道"并确定，得到 Alpha1 副本通道。

（5）确认选择"Alpha1 副本"，在"滤镜"菜单中选择"滤镜库"，在"艺术效果"分类下选择"塑料包装"，参数如图 1.43 所示。

（6）按住 Ctrl 键后单击"Alpha1 副本"通道，然后单击 RGB 复合通道，显示彩色图像，如图 1.44 所示。

图 1.44　载入选区效果图

（7）单击"图层"面板底部的"创建新图层"按钮,新建一个图层,将其填充为白色,效果图如图 1.45 所示。

图 1.45　填充白色效果图

（8）在"通道"面板中,按住 Ctrl 键后单击"Alpha1"通道,此时"贺卡"2 个字被选中,在"选择"菜单中选择"修改"下的"扩展"命令,在对话框中输入扩展像素为 2。

（9）在"图层"面板中选中"图层 1",单击面板下面的"添加图层蒙版",为图层 1 添加蒙版,如图 1.46 所示。

（10）双击"贺卡"所在的图层即图层 1,打开"图层样式"对话框,添加"斜面和浮雕"和"投影"的效果,具体参数设置如图 1.47 和图 1.48 所示。

图 1.46　添加蒙版

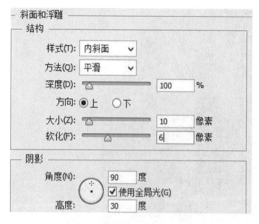

图 1.47　斜面和浮雕参数设置

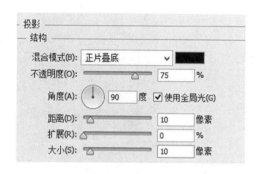

图 1.48　投影参数设置

图 1.49　椭圆参数设置

（11）单击"图层"面板底部的"创建新图层"按钮，新建一个图层。将前景色设置为黑色，选择"椭圆"工具。椭圆的属性设置如图 1.49 所示，其中，椭圆的属性选择"形状"，填充和描边均设为黑色。绘制椭圆过程中，按住 Shift 键，并且注意所有的椭圆均绘制在同一个图层上。绘制完成的椭圆效果图如图 1.50 所示。

（12）在刚绘制完成的黑色椭圆所在图层上右击，选择"栅格化图层"。

（13）执行"滤镜"→"扭曲"→"波浪"命令，无须修改具体的参数设置，直接确定即可。

（14）按下 Ctrl+Alt+G 快捷键创建剪贴蒙版，目的是将斑点的显示范围限定在文字区域内，斑点文字的最终效果图如图 1.51 所示。

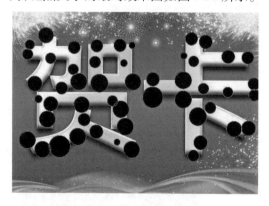

图 1.50　椭圆完成效果图

图 1.51　斑点文字最终效果图

实验 9　制作镂空文字

1.实验目的

（1）掌握通道的创建、选区的载入等操作。

（2）掌握滤镜的使用。

（3）掌握图片的合成操作。

2.实验要求

会制作镂空文字。

3.实现步骤

（1）新建一个文件：600 像素×600 像素，72 像素/英寸，颜色模式为 RGB，背景色为白色。注意：颜色模式一定要选择 RGB 模式，具体如图 1.52 所示。双击背景层，更名为图层 0。

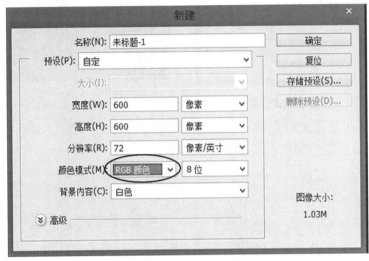

图 1.52　新建文档

（2）进入通道控制面板，新建 Alpha1 通道，在其输入文字"镂空"，字体大小为 300。拖动文字至合适位置，效果如图 1.53 所示。

（3）单击通道下方的按钮"将选区存储为通道"，如图 1.54 所示，建立新的通道 Alpha2。

图 1.53　Alpha1 通道文字的录入　　　　图 1.54　Alpha2 通道的建立

（4）定位在 Alpha2 通道上，复制该通道得到 Alpha2 副本。

（5）定位在 Alpha2 副本上，执行"滤镜"→"其他"→"最大值"，参数设置如图 1.55 所示。

（6）定位在 Alpha2 通道上，单击"载入选区"，如图 1.56 所示。

图 1.55　滤镜参数设置

图 1.56　载入 Alpha2 选区

（7）单击 RGB 通道，进入图层控制面板，按 Delete 键将选区删除。此时，文字变成了空心文字，具体效果如图 1.57 所示。

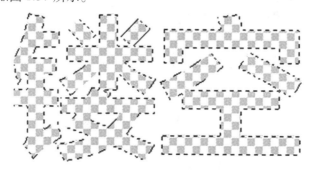

图 1.57　将文字打成空心

（8）定位在 Alpha2 副本上，载入通道，方法同上，执行"选择"→"反向"命令，按 Delete 键将选区删除。

（9）回到图层控制面板，单击"图层 0"，执行复制操作（按 Ctrl+C），打开一张给定的图片"橙汁.jpg"，粘贴（按 Ctrl+V）后得到镂空文字的最终效果，如图 1.58 所示。

图 1.58　镂空文字最终效果图

第2章　动画素材的设计与制作——Flash 软件实例

2.1　动画素材

实例 1　卡通树的绘制

1.实验目的

(1)熟悉常用 Flash 工具的基本操作方式。

(2)掌握 Flash 中线条工具、颜料桶工具、选择工具、矩形工具、任意变形工具、渐变变形工具等的功能及使用。

2.实验要求

使用基本工具绘制卡通树。

3.实现步骤

(1)执行"文件"→"新建"命令,建立一个 action script3.0 的 Flash 文档,保存为"树.fla"。

(2)双击时间轴面板上的图层 1,重命名为"树根",选择工具箱上的"矩形"工具 ,在属性面板上

图 2.1　矩形工具属性设置

设置矩形笔触颜色为"无",填充颜色为"棕色",如图 2.1 所示。

(3)在舞台上拖拽鼠标,绘制出树干,如图 2.2 所示。

(4)选中矩形,使用"选择"工具 ,将鼠标放置在矩形边缘,鼠标指针旁显示为一条弧线时。按住鼠标拖动可将直线拖成弧线。注意按住 Ctrl 键拖拉边缘,可拖拉出尖角效果,效果如图 2.3 所示。

图 2.2　矩形效果

图 2.3　调整后树干效果

（5）选中树干，打开如图 2.4 所示的颜色面板，调整颜色为棕色到绿色的线性渐变，获得如图 2.5 所示效果。

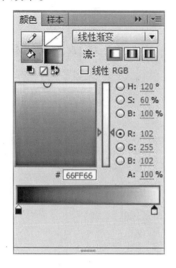

图 2.4　颜色面板

图 2.5　调整颜色后树干效果

（6）新建图层 2，修改图层名为"树冠"，选择工具箱的"线条"工具 ＼，在舞台单击鼠标左键确定线条的开始处，再选择另一个点单击，以此类推，形成如图 2.6 所示线条轮廓。

（7）使用"选择"工具 ，将鼠标放置在线条边缘，鼠标指针旁显示为一条弧线时，按住鼠标拖动可将直线拖成弧线，形成如图 2.7 所示线条轮廓。

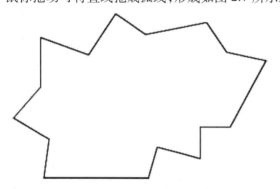

图 2.6　树冠外轮廓

图 2.7　树冠外全部调整为弧线

图 2.8　树冠填充

（8）选择"颜料桶"工具 ，为树冠填充颜色，如图2.8所示。注意：填充线条必须是离散状态且闭合，若有细小缝隙，也可选择填充后在下方选择"封闭大空隙"，如图 2.9 所示。

（9）在时间轴面板上，将树冠层拖拉至树干层下方，最终效果如图 2.10 所示。

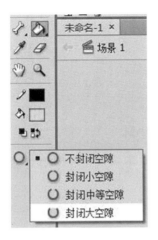

图 2.9　填充选项　　　　　　　　　图 2.10　树木最终效果

2.2　逐帧动画

实例 2　写字动画

1.实验目的

(1)熟悉关键帧的功能。

(2)掌握 Flash 逐帧动画的原理及制作方法。

2.实验要求

使用逐帧动画制作写字效果。

3.实现步骤

(1)新建 Flash 文档,保存为"写字动画.fla",在属性面板上设置舞台的帧频为 12fps。

(2)选择工具箱中的"文本"工具 $\mathbf{T}$,在属性面板设置文本字体为楷体,大小为 200 点,颜色为黑色;然后单击舞台,输入文字"人"。

(3)选中文字,将其打散(按 Ctrl+B)。

(4)在第 2 帧插入关键帧(按 F6),在该关键帧上利用工具箱中的"橡皮擦"工具擦除文字最后一笔的部分,再插入第 3 个关键帧,在该关键帧上擦除倒数第二笔……以此类推,直到全部擦除干净,如图 2.11 所示(选择时间轴面板右上角下拉列表中的"预览"模式则为图中显示效果)。

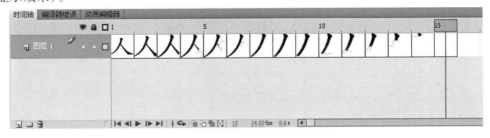

图 2.11　逐帧擦除文字效果

（5）选中 1 到 15 所有关键帧，在帧选区上单击鼠标右键，选择"翻转帧"。

（6）按快捷键 Ctrl+Enter，快速发布并预览最终效果。

2.3 动作（动画）补间动画

实例 3 弹跳的小球

1.实验目的

（1）掌握元件的创建方法。

（2）掌握传统补间动画的原理以及创建的方式。

2.实验要求

使用传统补间动画制作弹跳的小球。

3.实现步骤

（1）新建 Flash 文档，保存为"弹跳的小球.fla"，在属性面板设置舞台大小为 200 像素×400 像素。

（2）制作小球元件：执行"插入"→"新建元件"命令，在弹出的对话框中输入元件名为"小球"，元件类型为"影片剪辑"，然后单击"确定"按钮，如图 2.12 所示。

图 2.12 "创建新元件"对话框

（3）确定后进入小球元件工作区，选择"椭圆"工具 ，在属性面板设置笔触为"无"，填充为"径向渐变颜色"，如图 2.13 所示；然后按住 Shift 键不放并在工作区拖拉，绘制出一个正圆的小球。

（4）单击工作区左上角的"场景 1"，回到舞台。

（5）通过"窗口"菜单打开库面板（按 Ctrl+L），将小球元件从库面板中拖到舞台上，利用"任意变形"工具调整大小，利用"选择"工具将小球放置到舞台上方位置，如图 2.14 所示。

图 2.13　椭圆工具属性设置　　　图 2.14　小球起点位置

　　(6)在第 40 帧处右击,选择"插入关键帧",如图 2.15 所示;将红色播放头放置在第 40 个关键帧上,然后将小球拖拉到舞台底部,如图 2.16 所示。

　　(7)将光标定位在帧面板第 1 帧与第 40 帧之间,单击右键选择"创建传统补间",效果如图 2.17 所示。

　　(8)定位在补间上,在属性面板上设置缓动值为"-90",实现加速效果,如图 2.18 所示。

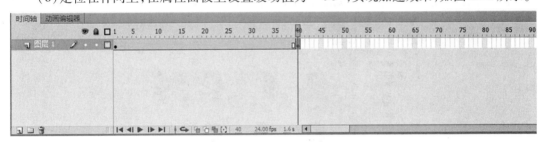

图 2.15　插入关键帧

图 2.16　第 40 帧上　　　图 2.17　创建传统补间效果　　　图 2.18　传统补间
　　小球位置　　　　　　　　　　　　　　　　　　　　　　　　缓动值设置

　　(9)在第 80 帧插入关键帧,移动小球位置回到舞台顶部,在第 40 帧和第 80 帧之间选择补间为传统补间动画,设置缓动值为"90",实现减速效果。

　　(10)保存文件,按快捷键 Ctrl+Enter,快速发布并预览最终效果。

实例4　骑车的小熊

1.实验目的

(1)掌握动画元件的创建方法。

(2)掌握创建补间动画的原理以及方法。

2.实验要求

使用补间动画制作骑车的小熊。

3.实现步骤

(1)新建 Flash 文档,保存为"骑车的小熊.fla"。

(2)制作小熊元件:执行"插入"→"新建元件"命令,在弹出的对话框中输入元件名为"小熊",元件类型为"影片剪辑",单击"确定"按钮。

(3)在小熊元件工作区内选择"文件"→"导入"→"导入到舞台"命令,在弹出的对话框中选择小熊图片,如图 2.19 所示;单击"打开"按钮,此时会弹出如图 2.20 所示对话框,请选择"是",自动导入全部序列图片,完成小熊原地骑车的元件制作。

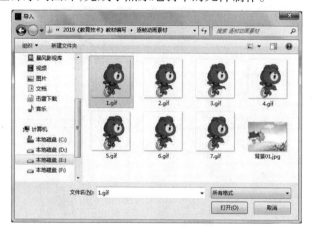

图 2.19　导入素材图片

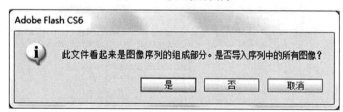

图 2.20　"导入提示"对话框

(4)单击工作区左上角"场景 1",回到舞台,通过"窗口"菜单打开库面板,将库面板中的小熊元件拖至舞台,利用任意变形工具调整好小熊的大小,放置到舞台右下角位置。

(5)在图层 1 第 1 个关键帧上右击,选择"创建补间动画",此时出现了一段长度为 24 帧的动画条,将光标放置到动画条最后,出现双向箭头时如图 2.21 所示,拖拉鼠标调整动画条的长度为 50 帧。

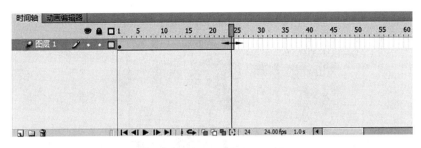

图 2.21　拖拉调整动画条长度

(6)将红色播放头定位在第 50 帧,如图 2.22 所示,将小熊拖拉到舞台左下角位置。

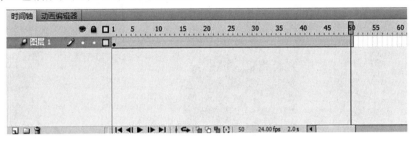

图 2.22　播放头定位在最后一帧

(7)此时舞台上出现一条小熊的运动路径,如图 2.23 所示。

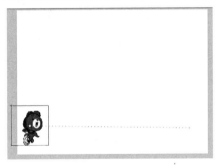

图 2.23　运动路径生成

(8)新建图层 2,更名为"背景",通过"文件"→"导入"→"导入到舞台"命令,将背景图片导入舞台;选中图片,在属性面板调整图片大小为 550 像素×400 像素,位置为"0,0",如图 2.24 所示。

图 2.24　图片大小及位置

(9)在时间轴面板上,将背景层拖拉到小熊图层下方,然后使用"选择"工具,调整起点和终点关键帧上小熊的位置,并调整路径的曲度,最终效果如图 2.25 所示。

图 2.25　最终图层和路径效果

(10)保存文件,按快捷键 Ctrl+Enter 预览并发布。

2.4　形状补间动画

实例 5　形状的变化

1.实验目的

(1)掌握形状补间动画的原理。

(2)掌握形状补间动画的创建方法。

2.实验内容

使用形状补间动画制作形状的变化。

3.实现步骤

(1)新建 Flash 文档,保存为"形状的变化.fla",在属性面板设置帧频为 12fps。

(2)选择"椭圆"工具,在属性面板设置笔触颜色为"无",填充颜色为"红色",在舞台上拖拉鼠标绘制一个圆形。注意:其状态必须为离散状态。

(3)在时间轴面板第 50 帧插入关键帧,选中该关键帧,将这一关键帧上的圆形删除。

(4)选择"多角星形"工具 ⬡,在属性面板设置笔触颜色为"无",填充颜色为"绿色",单击"选项"按钮,在弹出的对话框上设置样式为星形,如图 2.26 所示;确定后在舞台上拖拉鼠标,绘制出一个五角星。注意:其状态必须是离散状态。

图 2.26　星形设置对话框

（5）在两个关键帧之间右击，选择"创建补间形状"。

（6）保存文件，按快捷键 Ctrl+Enter 预览并发布。

2.5　遮罩层动画

实例 6　镂空动态字

1.实验目的

（1）熟悉遮罩层和被遮罩层的特性。

（2）理解遮罩动画的原理。

（3）掌握创建遮罩动画的基本方法。

2.实验内容

利用遮罩动画原理制作镂空的动态字。

3.实现步骤

（1）新建 Flash 文档，保存为"镂空动态字.fla"，设置舞台背景色为粉色。

（2）双击图层 1，修改图层名为"文字"，选择"文字"工具，设置文本字体为 Impact，字号为 150，颜色为红色，在舞台上单击并输入文本内容"FLASH"。

（3）利用"选择"工具将文本选中，使用 Ctrl+B 将文字打散。注意：按一次 Ctrl+B 是将文本打散为单个的字符，再按一次 Ctrl+B，才能将文本全部打散为离散状态。

（4）新建图层 2，双击图层 2，修改名字为"图片"，执行"文件"→"导入"→"导入到舞台"命令将素材图片导入，然后将图片层拖拉至文字层下方，效果如图 2.27 所示。

（5）在图片层第 20 帧和第 40 帧上分别插入两个关键帧，在文字层第 40 帧插入普通帧，效果如图 2.28 所示。

（6）在图片层上分别调整第 1 帧、第 20 帧、第 40 帧上图片的位置，然后分别定位在 1 帧和 20 帧之间，20 帧和 40 帧之间，右键选择创建传统补间，实现图片左右或上下的移动效果。时间轴面板显示效果如图 2.29 所示。

（7）右击文字层，在弹出的快捷菜单中选择"遮罩层"，如图 2.30 所示，选择遮罩层后得到效果如图 2.31 所示。

图 2.27　文字及图片效果

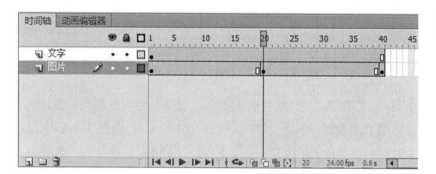

图 2.28　插入帧和关键帧

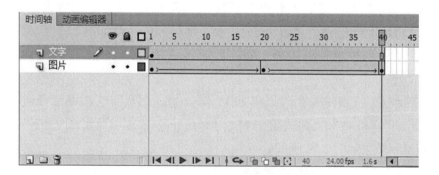

图 2.29　为图片创建传统补间

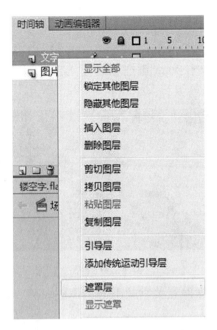

图 2.30　设置文字层为遮罩层

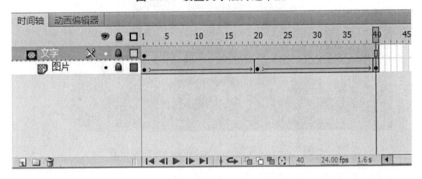

图 2.31　设置遮罩层后效果

（8）保存文件，按快捷键 Ctrl+Enter 预览并发布。

实例 7　旋转的地球

1. 实验目的

（1）熟悉遮罩层和被遮罩层的特性。

（2）理解遮罩动画的原理。

（3）掌握创建遮罩动画的基本方法。

2. 实验内容

利用遮罩动画原理制作旋转的地球。

3. 实现步骤

（1）新建 Flash 文档，保存为"旋转的地球.fla"，设置舞台背景色为黑色。

（2）双击图层 1，修改图层名为"地图"，通过"文件"→"导入"→"导入到舞台"命令将地图图片导入舞台,在第 40 帧处插入关键帧。

（3）新建图层 2,双击修改图层名为"遮罩圆",选择"椭圆"工具,在属性面板设置笔触颜色为无,填充颜色为绿色,按住 Shift 键拖拉鼠标,绘制一个正圆,正圆大小和地图图片匹配,效果如图 2.32 所示。

图 2.32　设置

（4）回到地图层,在起点和终点关键帧上分别调整位置,效果分别如图 2.33 和图 2.34 所示。

图 2.33　设置第 1 个关键帧上的地图位置

图 2.34　设置第 40 个关键帧上的地图位置

注意:为了方便调整地图和椭圆的相对位置,可单击遮罩圆图层上的"只显示轮廓"按钮▨。

（5）将光标定位在地图层第 1 帧与第 40 帧之间,右击选择"创建传统补间"。

（6）选中遮罩圆层上的圆形,按快捷键 Ctrl+C 复制,新建图层 3,双击修改图层名为"半透明圆",执行"编辑"菜单中"粘贴到当前位置"命令,执行"窗口"菜单中"颜色"命令打开颜色面板,设置颜色类型为径向渐变,单击滑块位置,增加一个滑块,设置 3 种颜色及透明度如图 2.35 所示。

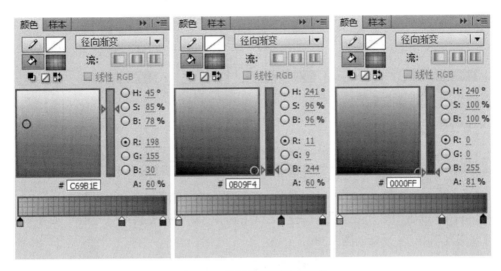

图 2.35 设置半透明椭圆颜色

（7）在时间轴面板上用右键单击遮罩圆处，选择"遮罩层"。

（8）保存文件，按快捷键 Ctrl+Enter 预览并发布动画。

2.6 引导层动画

实例 8 飞舞的蝴蝶

1.实验目的

（1）熟悉引导层和被引导层的特性。

（2）理解引导动画的原理。

（3）掌握创建引导动画的基本方法。

2.实验内容

利用引导层动画实现蝴蝶按照给定的路径飞舞。

3.实现步骤

（1）新建 Flash 文档，保存为"飞舞的蝴蝶.fla"，设置舞台背景为蓝色。

（2）执行"插入"→"新建元件"命令设置元件名为"蝴蝶"，元件类型为"影片剪辑"，直接单击"确定"按钮即可。

（3）在蝴蝶元件工作区内执行"文件"→"导入"→"导入舞台"命令，将蝴蝶图片导入工作区，选中图片，按快捷键 Ctrl+B 将图片打散；然后利用"套索"工具里的魔术棒选中图片白色背景部分，再按键盘上的 Delete 键将白色背景删除。

（4）在时间轴面板第 2 帧插入关键帧，利用"任意变形"工具将蝴蝶宽度变窄（对于离散的对象，可在变形时按住 Alt 键不放再拖动控制点，则以中心点为缩放中心进行变形）。以此类推，制作翅膀缩放的各个关键帧，如图 2.36 所示，实现蝴蝶翅膀扇动的效果。

（5）单击工作区右上角"场景 1"，回到舞台，双击图层 1，修改图层名为"蝴蝶"，按快捷键 Ctrl+L 打开库面板，将蝴蝶元件拖至舞台，利用"任意变形"工具调整蝴蝶的大小及方向。

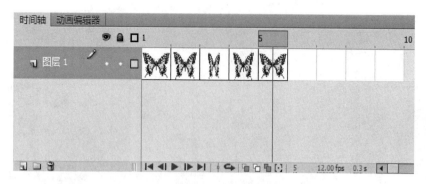

图 2.36　蝴蝶元件内时间轴面板效果

（6）右击"蝴蝶图层"，在弹出的快捷菜单中选择"添加传统运动引导层"，如图 2.37 所示，得到运动引导层，效果如图 2.38 所示。

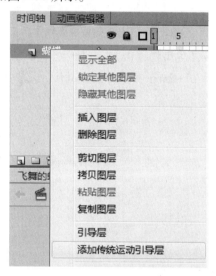

图 2.37　为蝴蝶层添加运动引导层

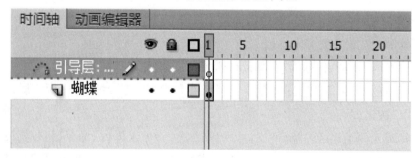

图 2.38　为蝴蝶建立引导层

图 2.39　铅笔模式

（7）选中引导层，选择"铅笔"工具，设置工具箱下方选项区的铅笔模式为"平滑"，如图 2.39 所示，在属性面板设置笔触颜色为黑色。

（8）在舞台上拖拉鼠标，绘制出蝴蝶飞行的路径，如图 2.40 所示，然后在引导层第 50 帧处插入帧。

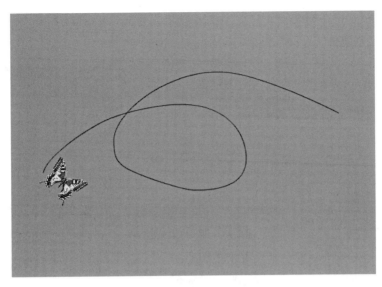

图 2.40　绘制引导层的路径

（9）回到蝴蝶图层，在第 50 帧处插入关键帧，此时，时间轴面板效果如图 2.41 所示。

图 2.41　时间轴面板

（10）选中蝴蝶层第一个关键帧，用工具箱中的"选择"工具将舞台上的蝴蝶移至曲线的起始端，如图 2.42 所示（注意在移动时在元件实例的中央会出现一个空心的小圆，一定要将其空心小圆与曲线的起始端相重合）；然后单击蝴蝶层的第 50 帧，将蝴蝶用同样的方法移至曲线的终止端。

图 2.42　蝴蝶元件吸附点与路径对齐

（11）将鼠标定位在蝴蝶层第 1 帧与第 50 帧之间任意帧上，单击鼠标右键，在弹出的快捷菜单中选择"创建传统补间"，此时时间轴面板如图 2.43 所示。

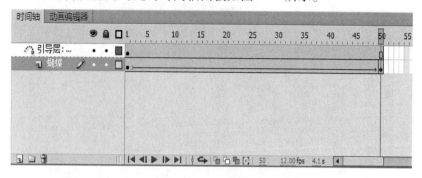

图 2.43　时间轴面板效果

（12）分别选中蝴蝶层第一个关键帧和最后一个关键帧，使用"任意变形"工具调整蝴蝶方向为路径切线方向，分别如图 2.44、图 2.45 所示。

图 2.44　起点关键帧上蝴蝶方向

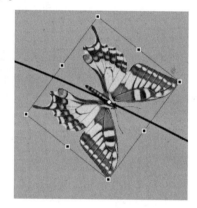

图 2.45　终点关键帧上蝴蝶方向

（13）将光标定位在蝴蝶层补间上任意位置，在属性面板上勾选"调整到路径"，如图2.46所示。

图 2.46　勾选"调整到路径"选项

（14）选择引导层，新建图层并修改名字为"背景"，执行"文件"→"导入"→"导入到舞台"命令将背景图片插入到舞台上，调整好位置和大小，然后将该层拖拉至图层面板最下方，如图 2.47 所示。

（15）保存文件，按快捷键 Ctrl+Enter 预览并发布动画。

图 2.47 最终效果

2.7 交互式动画

实例 9 动画的控制

1.实验目的

(1)了解代码的功能。

(2)了解常用代码的使用方法。

(3)掌握按钮元件的制作方法。

(4)掌握为按钮元件添加代码进行简单交互的原理及基本方法。

2.实验内容

利用按钮实现动画的交互效果。

3.实现步骤

(1)新建 Flash 文档,选择 action script2.0 的 Flash 文档,保存为"动画的控制.fla"。

(2)双击图层 1,修改图层名为"滚动的彩球"。

(3)执行"插入"→"新建元件"命令,设置元件名为"彩球",元件类型为"影片剪辑",如图 2.48 所示,单击"确定"按钮。选择"椭圆"工具,在属性面板设置笔触颜色为无,填充颜色为黄色,在舞台上按住 Shift 键拖拉鼠标,绘制出一个正圆;然后选择"线条"工具,设置线条颜色为黑色,在舞台上拖拉绘制两个离散的线条将圆形切割,效果如图 2.49 所示。选中其中四分之一图形,在属性面板修改填充颜色为绿色,依次选择其余两个四分之一图形,分别修改颜色为红色和蓝色,删掉线条,这样一个彩球就绘制完成。

图 2.48　创建彩球元件对话框

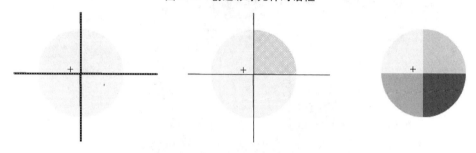

图 2.49　绘制彩球步骤

（4）单击"场景 1"，回到舞台，执行"窗口"→"库"命令打开库面板，将彩球从库面板拖至舞台，调整彩球大小，并将其放置到舞台左边靠上的位置；在第 50 帧插入关键帧，选中第 50 帧，使用"任意变形"工具将彩球适当变大后，拖拉至舞台右边靠上的位置；接着将光标定位在两个关键帧之间，右击选择"创建传统补间"，并设置补间属性"旋转"一次。

此时，一段长度为 50 帧的彩球由舞台左侧滚动至舞台右侧的动画制作完成。

（5）执行"插入"→"新建元件"命令设置元件名为"播放按钮"，元件类型为按钮元件，如图 2.50 所示，单击"确定"按钮，进入按钮元件编辑区域，按钮元件的时间轴面板如图 2.51 所示。

图 2.50　创建播放按钮元件

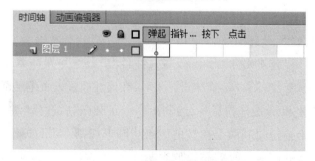

图 2.51　按钮元件时间轴面板

（6）双击"图层 1"，修改图层名为"矩形"，选择"矩形"工具，设置矩形属性，如图 2.52 所示，然后在工作区拖拉绘制出一个绿色的圆角矩形。在时间轴面板上"点击"帧处右击选择"插入帧"。

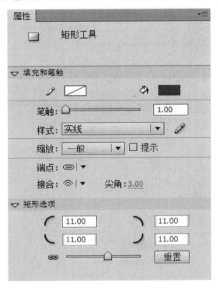

图 2.52　矩形工具属性面板

（7）新建图层 2，双击修改图层名为"文字"，选择"文字"工具，在属性面板设置文字字体为 Gill Sans Ultra Bold，字号为 30，字体颜色为白色，在文字层输入文本"Play"，调整好位置，如图 2.53 所示。

图 2.53　文字效果

（8）在"指针经过"帧上插入关键帧，在该帧上选中文字，按键盘上的向下方向键两次，按向右方向键两次，然后在"点击"帧处右击选择"插入帧"，效果如图 2.54 所示。

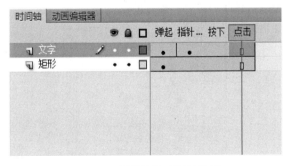

图 2.54　播放按钮时间轴面板

（9）单击"场景 1"，回到舞台，新建图层并修改图层名字为"播放按钮"，打开库面板将播放按钮元件拖到舞台上，调整其位置和大小，如图 2.55 所示。

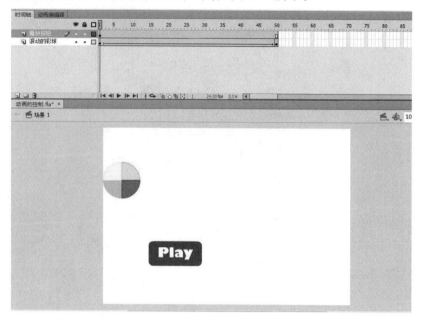

图 2.55　调整按钮大小和位置

（10）新建图层，修改图层名字为"返回按钮"，执行"窗口"→"公共库"→"button"命令打开外部库面板，在面板上找到 classic buttons 项目→Playback→playback-loop 按钮，如图 2.56所示，将 playback-loop 按钮拖拉到舞台，在属性面板设置按钮宽、高为 50、50。

图 2.56　公共库中选择所需按钮

（11）添加代码。

①选中"滚动的彩球"层第一个关键帧，单击鼠标右键，在弹出的快捷菜单中选择"动作"命令，弹出动作面板，在动作面板中输入语句 stop( )，如图 2.57 所示。

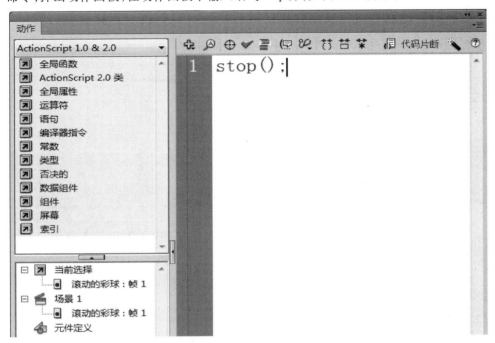

图 2.57　滚动彩球层第一帧动作面板

②选中"滚动的彩球"层最后一个关键帧，单击鼠标右键，在弹出的快捷菜单中选择"动作"命令，弹出动作面板，在动作面板中输入语句 stop( )，操作方法和起点关键帧一致。

③选中舞台上的"Play"按钮，右击按钮，在弹出的快捷菜单中选择"动作"命令，弹出动作面板，在动作面板中添加动作语句，如图 2.58 所示。

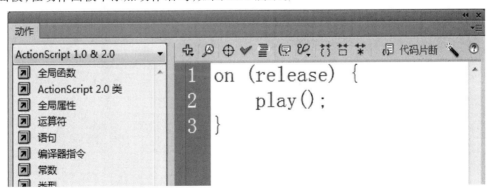

图 2.58　播放按钮的动作面板

④选中舞台上的"返回"按钮，右键单击该按钮，在弹出的快捷菜单中选择"动作"命令，弹出动作面板，在动作面板中添加动作语句，如图 2.59 所示。

最终时间轴面板如图 2.60 所示，舞台效果如图 2.61 所示。

（12）保存文件，按快捷键 Ctrl+Enter 预览并发布动画。

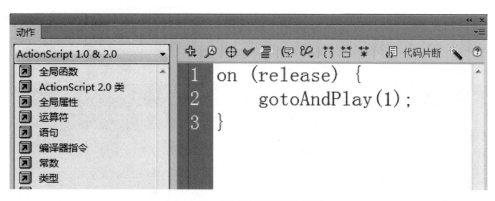

图 2.59　返回按钮的动作面板

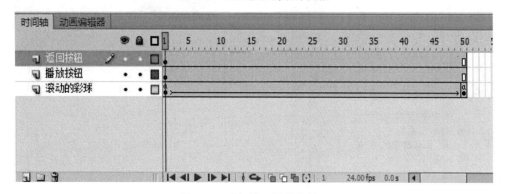

图 2.60　时间轴面板最终效果

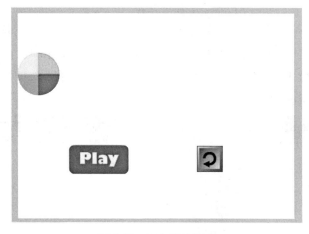

图 2.61　舞台最终效果

第 3 章　课堂演示文稿的制作与优化设计
——PPT 软件实例

3.1　PPT 综合实例 1

一个成功的 PPT 关键在于能够吸引观众,所以在制作 PPT 的过程中需要坚持 7 个原则。

(1)幻灯片是辅助传达演讲信息的,只列出要点即可,切忌不要成为演讲稿的 PPT 版,全篇都是文字;同时背景不要追求花哨,以清爽最佳。

(2)每张幻灯片传达 5 个概念效果最好,7 个正好符合人们接受程度,超过 9 个则会让人感觉负担重。

(3)我们是来演讲的,不是来做视力检查的! 字体要大!

(4)标题最好只有 5~9 个字,最好不要用标点符号。

(5)表胜于文,图胜于表,所以图表自己就能讲故事。同时,图表不要加文字解释,这个工作不该电脑做的,而应该留给演示者。

(6)最好有一张演讲要点预告幻灯片,告诉听众你要讲什么。在完成演讲的时候应有一张总结幻灯片,让听众再次回顾一遍,加深印象。

(7)好的演讲者要能控制时间,所以最好利用 PowerPoint 的排练功能(幻灯片放映→排练计时)预估一下时间。

实例 1

1.实验目的

(1)掌握插入各种 PPT 素材的方法。

(2)熟练掌握插入 SmartArt 图的方法以及效果调整的方法。

(3)掌握字体替换的方法。

(4)学会使用母版加快工作进度。

2.实验要求

(1)打开素材文件“PPT 素材 1.pptx”,将其另存为“姓名 01.pptx”,之后所有的操作均在“姓名 01.pptx”文件中进行。

(2)将演示文稿中的所有中文字体由“宋体”替换为“微软雅黑”。

（3）为了布局美观，将第 2 张幻灯片中的内容区域文字转换为"蛇形图片重点列表" SmartArt 布局，更改 SmartArt 的颜色，并设置该 SmartArt 样式为"嵌入"。

（4）为上述 SmartArt 图形设置由幻灯片自底部、中速、逐个进行"飞入"的进入动画效果，并要求自上一动画开始之后。

（5）为演示文稿中的所有幻灯片设置不同的切换效果。

（6）将给定的声音文件"Music.mp3"作为该演示文稿的背景音乐，并要求在幻灯片放映时即开始播放，至演示结束后停止，播放时隐藏音乐按钮。

（7）为演示文稿最后 1 张幻灯片右下角的图形添加指向网址"www.baidu.com"的超链接。

（8）为演示文稿创建 3 个节，其中"开始"节中包含第 1 张幻灯片，"致谢"节中包含最后 1 张幻灯片，其余幻灯片均包含在"详细内容"节中。

（9）在第 5 张幻灯片的后面插入一张幻灯片，内容为给定的 Flash 动画效果。要求自动播放，播放窗口要求：高度为 20 cm，宽度为 15 cm。

（10）利用母版，给每张幻灯片的右上角插入给定的"树枝"图片，大小合适即可。

3.实现步骤

（1）打开给定的 PPT 文件，执行"文件"→"另存为"命令确定存储位置，输入文件名字，另存为"张三.pptx"。注：本实例用张三作为姓名，可以自己的名字命名。

（2）打开"张三.pptx"文件，执行"开始"功能区→"替换"→"替换字体"命令进行如图 3.1所示的设置即可。

图 3.1　字体替换

（3）选中第 2 张幻灯片的文本内容，单击"格式"→"转换成 SmartArt"，如图 3.2 所示。

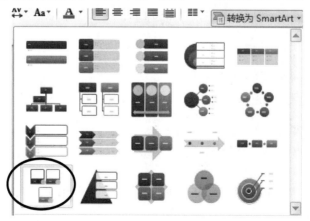

图 3.2　插入 SmartArt 图

选中 SmartArt 图,在"设计"选项卡中更改颜色以及添加"嵌入"效果,如图 3.3 所示。

图 3.3　修改 SmartArt 图的颜色及效果

(4)选中 SmartArt 图,单击"动画"功能区,添加"飞入"的动画效果,打开"动画窗格",在下拉菜单中选择"效果选项",具体参数设置如图 3.4 所示。

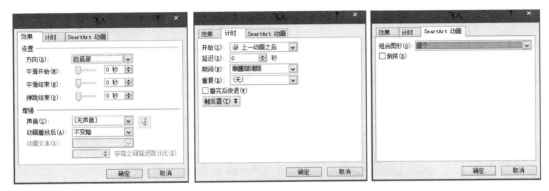

图 3.4　动画效果的设置

(5)选中第 1 张幻灯片,单击"切换"功能区,选择"切换"效果,如图 3.5 所示。其余幻灯片设置方法同上。为了使效果多样化,不同幻灯片可以设置不同的切换效果。

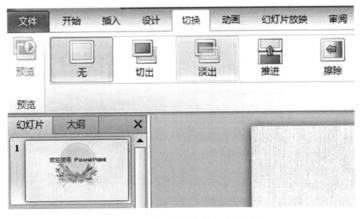

图 3.5　幻灯片切换效果的设置

(6)选中第 1 张幻灯片,执行"插入"→"音频"→"文件中的音频"命令找到音频文件的存放位置,单击"插入"按钮即可,如图 3.6 所示。单击"声音"图标 🔊 的"播放"选项卡,进行如图 3.7 所示的设置即可。

(7)选中最后 1 张幻灯片,右击打开快捷菜单,选择"超链接",在如图 3.8 所示的对话框中给出超链接的位置即可。

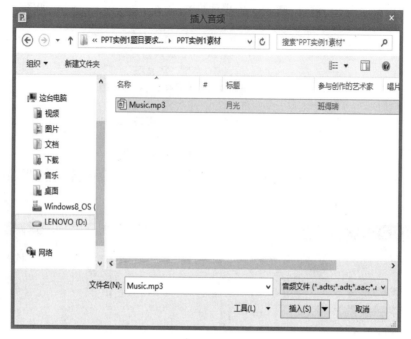

图 3.6　插入音频

图 3.7　音频播放效果设置

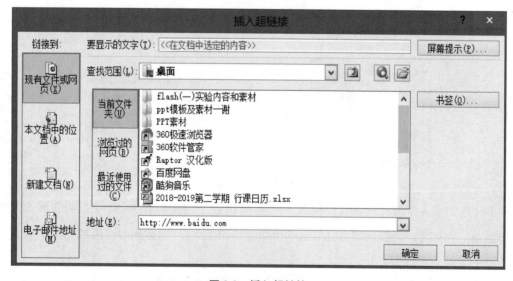

图 3.8　插入超链接

（8）右击第 1 张幻灯片的缩略图，选择"新增节"，如图 3.9 所示。在幻灯片上方出现的"无标题节"上右击，选择"重命名节"，修改为"开始"，按 Enter 键确认即可。其余节的添加方法与此相似，不再赘述。

图 3.9　新增节

（9）单击第 5 张幻灯片的缩略图，按 Enter 键在其后面添加新的空白幻灯片。插入 Flash 动画需要调出开发工具功能区，所以这里先讲述如何调出开发工具功能区。具体操作如下：

①执行"文件"→"选项"→"自定义功能区"命令，选中如图 3.10 所示的开发工具，单击"确定"按钮即可。

图 3.10　开发工具的调出

②选择"开发工具"选项卡,执行"控件"→"其他控件"命令,找到插入 Flash 需要的控件 Shockwave Flash Object,如图 3.11 所示,单击"确定"按钮即可。

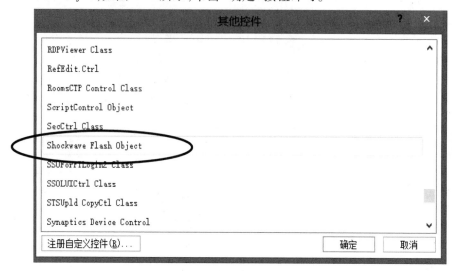

图 3.11 插入 Flash 动画的控件

③光标变成"+"的形状,拖出一个矩形框形成播放 Flash 动画的窗口,如图 3.12 所示,右击,选择"控件格式"→"尺寸"调整窗口的宽、高。

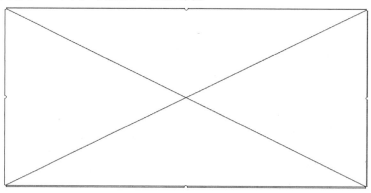

图 3.12 插入控件后的效果

④右击 Flash 播放窗口,选择"属性",找到 Movie,给出具体的 Flash 动画的存储路径,如图 3.13 所示。本实例当前给定的 Flash 动画的具体存储路径为:C:\Users\rsyan\Desktop\PPT 素材\PPT 实例素材\镂空 PPT.swf,大家做的时候直接给定当前 swf 文档的实际存放路径即可。添加成功后,要观看动画播放效果需要切换到放映视图才可以。

⑤单击"幻灯片放映"→"从当前幻灯片开始",会出现如图 3.14 所示的警告提示。

⑥选择第 2 个选项"我可以识别此内容。允许播放。"此时,就可以看到我们添加的动画文件的具体播放效果,如图 3.15 所示。

(10)单击"视图"→"幻灯片母版",定位在第 1 张幻灯片上(即最靠左缩进的幻灯片),插入给定的图片"树枝.png",并拖动到幻灯片的右上角,更改大小如图 3.16 所示。

设置完毕关闭母版,切换到"普通视图",此时会发现所有幻灯片的右上角均有树枝的图片。最后,保存文件。

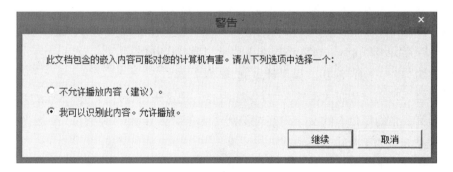

图 3.13　添加动画素材的属性

图 3.14　播放警告

图 3.15　放映视图下的播放效果

图 3.16　利用母版添加图片

3.2　PPT 综合实例 2

实例 2　产品展示

1.实验目的

(1)掌握 PPT 版式和主体的修改方法。

(2)熟练掌握动作按钮的添加和设置。

(3)掌握 PPT 中插入图表以及图表格式修改的操作。

(4)学会设置幻灯片自动播放的设置以及备注内容的编辑。

2.实验要求

打开"PPT 实例 2.pptx"文件,按照如下要求完成制作并保存。

(1)使用"暗香扑面"演示文稿设计主题,修饰全文。

(2)将第 2 张幻灯片版式设置为"标题和内容",把这张幻灯片移为第 3 张幻灯片。

(3)为第 3 张幻灯片上的文字内容"移动""社交""云计算""大数据"添加飞入的动画效果。要求从左到右依次中速播放。

(4)在最后一张幻灯片的右下角添加自定义动作按钮,按钮名称为"切至首页",实现切换至幻灯片首页的功能,自定义按钮的大小和颜色。

(5)演示文稿播放的全程需要有背景音乐。

(6)在第 4 张幻灯片中插入一个标准折线图,并按照如下数据信息调整 PowerPoint 中的图表内容。

	笔记本电脑	平板电脑	智能手机
2015 年	8	2	1.0
2016 年	7	3	2.0
2017 年	5	2	2.5
2018 年	5	3	4
2019 年	3	3	5

(7)为该折线图设置"擦除"进入动画效果,效果选项为"自左侧",按照"系列"逐次单

击显示"笔记本电脑""平板电脑"和"智能手机"的使用趋势。最终,仅在该幻灯片中保留这3个系列的自动播放动画效果。

（8）为了实现幻灯片自动放映,设置每张幻灯片的自动放映时间不少于2秒钟。

（9）删除演示文档中每张幻灯片的备注文字信息。

（10）保存,将完成的PPT另存为"姓名02.pptx"。

3.实现步骤

（1）打开"PPT实例2.pptx"文件,单击"设计"功能区,光标经过的地方会显示主题的名称,所以很容易找到我们所需要的"暗香扑面",单击"应用"即可,如图3.17所示。

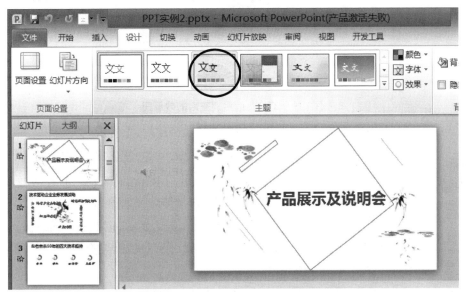

图3.17　"暗香扑面"主题的设置

（2）光标定位在第2张幻灯片上,单击"开始"→"版式"→"标题和内容"版式,具体操作如图3.18所示。版式修改完成后,用鼠标拖动它至第3张幻灯片上,即可实现第2页、第3页幻灯片的对调,对调完成的效果图如图3.19所示。

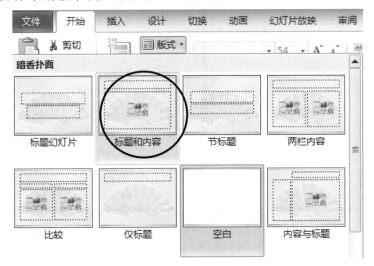

图3.18　版式的修改

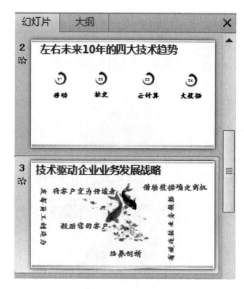

图 3.19　幻灯片顺序调整后的效果图

第 3 张幻灯片的动画效果设置略,此前的实例已经讲述过,不再赘述。

图 3.20　自定义按钮的添加

（3）单击最后一页幻灯片,选择"插入"→"形状"→"动作按钮",最后一个就是"自定义按钮",单击"插入"即可,具体选择如图 3.20 所示。

此时,光标呈"+"显示,选择右下角合适的位置,拖动鼠标绘制自定义按钮。绘制完成后,出现如图 3.21 所示的超链接设置,因为题目要求跳转到第 1 张幻灯片,所以设置如图3.21所示。

（4）右击"动作"按钮,选择"编辑文字",添加按钮名称"切至首页",完成的效果图如图3.22 所示。

图 3.21　按钮超链接设置

图 3.22　按钮效果图

（5）添加音乐。前面的实例已经讲述过怎样添加音乐,可以参考。因为题目要求全程播放音乐,所以,播放设置同实例 1 完全相同。

（6）鼠标定位在第 4 张幻灯片上,选择"插入"选项卡→"图表"→"折线图"→"标准折线图",具体选择如图 3.23 所示。单击"确定"按钮,会出现图表和数据表共存的局面,按照题目要求给定的数值修改数据表的值,则图表会自动更新,修改完成的数据表和图表如图 3.24 所示。操作完成后,关闭 Excel 数据表即可。

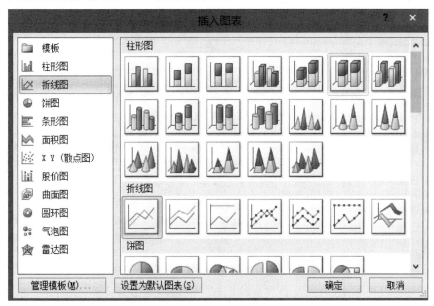

图 3.23　标准折线图的添加

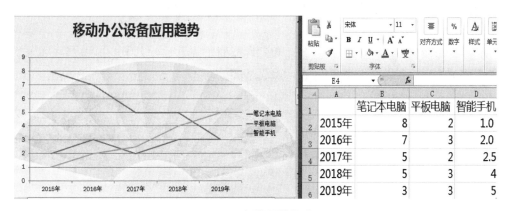

图 3.24　折线图的修改

（7）选中折线图,选择"动画"选项卡→"擦除"的动画效果,打开"动画窗格"→"效果选项"→"擦除"对话框,则"按系列、自左侧"等具体参数设置如图 3.25 所示。因为题目要求"仅在该幻灯片中保留这 3 个系列的动画效果",所以需要把图表动画的"通过绘制图表背景启动动画"这个选项取消勾选,如图 3.25 的右侧图片所示。

（8）单击"切换"功能区,右上角的"换片方式"可以设置是自动播放还是鼠标单击。按题目要求设置每张幻灯片的自动放映时间不少于 2 秒钟,具体设置如图 3.26 所示。

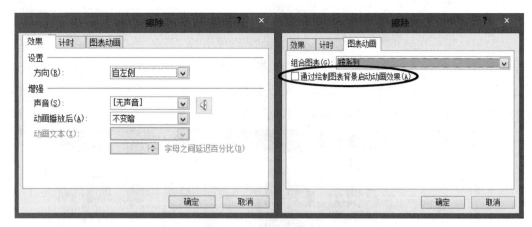

图 3.25　"擦除"效果的设置

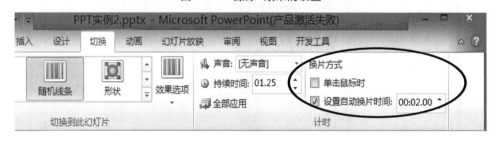

图 3.26　自动放映的设置

（9）用鼠标逐个单击幻灯片，查找对应幻灯片的备注页信息，有备注的选中删除即可。查看备注信息的操作方法有两种。

方法 1：可以在"普通视图"下将光标定位在幻灯片和备注的分割线上，调整备注窗格的大小，如图 3.27 所示。

方法 2：切换至"备注页视图"。备注和幻灯片的比例大体为 1∶1 显示，如图 3.28 所示。

图 3.27　备注页和幻灯片比例的调整

图 3.28　备注页视图

（10）保存文件，执行"文件"→"另存为"命令，确定存储的位置，输入"姓名 02.pptx"即可。

第 4 章　音频、视频处理

4.1　音频处理

Adobe Audition CS6 的基本操作

1.新建

在"文件"菜单中选择"新建",会看到有 3 个新建选项:"多轨混音项目""音频文件""CD 布局"。

● 多轨混音项目:主要用于多个轨道混合编辑的模式。音频文件新建好之后,会在"文件"面板中看到新建的多轨混音文件,如图 4.1 所示,后缀名是.sesx,右侧"编辑器"中出现多个轨道可供编辑。

图 4.1　多轨混音项目界面

● 音频文件:相对多轨来讲,音频文件一般是单轨的,主要进行音频文件的破坏性编辑处理。音频文件新建好之后,会在"文件"面板看到波形音频文件,同时,在右侧"编辑器"中出现音频的波形编辑器,如图 4.2 所示,分左声道和右声道。

● CD 布局:主要进行 CD 烧录前的曲目安排。

图 4.2　音频文件界面

2.保存

本书主要介绍常用的"多轨混音项目"和"音频文件"的保存。

（1）"多轨混音项目"的保存

执行"文件"→"存储"命令（或按 Ctrl+S）可以对多轨混音项目的 sesx 文件进行保存。该文件类型为可编辑格式,保留多轨混音项目的编辑状态,但大部分软件不支持这种格式的添加。因此,如果想要生成 MP3、WMA 等可用音频文件,需要执行"文件"→"导出"→"多轨缩混"命令导出生成。

（2）"音频文件"的保存

执行"文件"→"存储"命令即可,在存储时可以选择音频文件的格式。

3.打开

要在 Audition 中打开文件,可以执行"文件"→"打开"命令,也可以单击"文件"面板中的"打开"按钮。打开的所有文件会列在"文件"面板中,通过双击切换。

4.播放

音频文件打开后,可以在"传输"面板中进行播放,如图 4.3 所示。在播放的时候,"编辑器"面板中会有一个带红色竖线的播放游标向后移动显示播放进度,如图 4.4 所示。每次单击"播放"按钮也是从播放游标所在的位置开始进行播放,我们也可以单击时间刻度调整播放头的位置。

图 4.3　传输面板

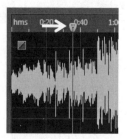

图 4.4　播放游标

实例 1　音频文件的剪切

1.实验目的

(1)熟悉 Adobe Audition CS6 的界面。

(2)熟练掌握 Audition 剪切音乐文件的方法。

(3)学会音频文件的编辑方式。

2.实验内容

音频文件的剪切。去掉"乡愁-朗诵.mp3"文件中两处长时间的空白,一处在读完作者之后,一处在末尾。

3.实现步骤

(1)执行"文件"→"打开"命令,在弹出的对话框中双击音频文件"乡愁-朗诵.mp3",此时该文件会出现在"文件"面板中,而右侧的"编辑器"中出现该音频的波形,如图 4.5 所示。

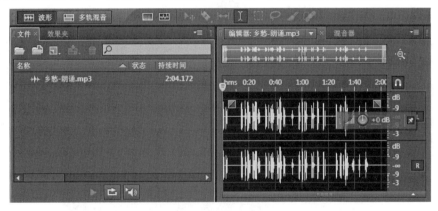

图 4.5　"文件"面板

(2)在"编辑器"面板中找到第一处空白,大概从第 5 秒开始到第 13 秒结束,拖动选中这段空白的音频(空白的音频没有起伏的波形,而是一条直线),如图 4.6 所示。在选中的音频上右击,选择"删除"。

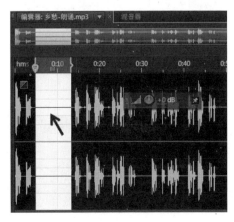

图 4.6　空白音频

（3）找到末尾处的空白,拖动鼠标选择该段空白音频,右击,选择"删除"。

（4）在"文件"菜单中选择"存储",完成保存。

注意:若不想覆盖掉原始的音频素材,在最后一步保存时也可选择"另存为"。

实例2　音频文件合成

1.实验目的

（1）熟悉多轨混音模式的编辑界面。

（2）学会多个音频的合成方法。

（3）学会调节音频的音量。

2.实验内容

将实例1中处理好的朗诵音频和音乐文件"朗诵配乐.mp3"合成到一起。

3.实现步骤

（1）单击"功能选项区"的"多轨混音"按钮,打开"新建多轨混音"对话框,在对话框中为混音项目取名"乡愁配乐诗朗诵",选择位置,采样率为44 100 Hz,位深度为32(浮点)位,如图4.7所示。

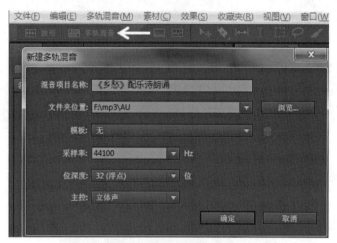

图4.7　新建多轨混音

（2）单击"文件"面板中的"打开文件"按钮,在弹出的对话框中,选择实例1中处理好的"乡愁-朗诵.mp3"和"朗诵配乐.mp3"并打开,此时,"文件"面板中有3个文件,如图4.8所示。

图4.8　文件列表

（3）双击"文件"面板中的"《乡愁》配乐诗朗诵.sesx"多轨混音文件，然后将"文件"面板中的"朗诵配乐.mp3"和"乡愁-朗诵.mp3"分别拖到"编辑器"的"轨道1"和"轨道2"上，如图4.9所示。

图 4.9　"编辑器"面板

（4）找到"轨道1"，即"朗诵配乐"所在的轨道，该音频波形上有一条黄色的直线，它代表该音频声音的大小。单击黄线的最前端添加一个声音节点，单击大概的位置添加第二个节点，然后向下拖动第二个节点，使黄线在节点2之后的声音大小在−10 dB左右，如图4.10所示。最终效果就是在朗诵开始的时候配乐音量正常，当朗诵正文的时候，配乐音量降低。

（5）在黄线末尾，朗诵音频快要结束的时刻单击添加第三个节点，在朗诵音频结束的地方单击添加第四个节点，向上拖动第四个节点，使第四个节点的音量回到0 dB，如图4.11所示。

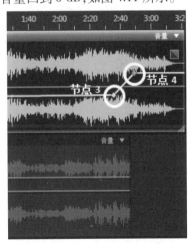

图 4.10　分贝节点　　　　　　　　　　图 4.11　节点 3、节点 4

（6）执行"文件"→"导出"→"多轨缩混"→"完整混音"命令，打开"导出多轨缩混"对话框，在对话框中选择文件类型为"MP3"或"WMA"。选好存放位置，起好名字，单击"确定"即可。原始编辑文件《乡愁》配乐诗朗诵.sesx"可以直接通过按快捷键Ctrl+S或者执行"文件"→"存储"命令来保存。

实例 3　录制一首配乐诗朗诵

1.实验目的

（1）熟悉多轨混音模式的编辑方式。

（2）学会使用 Audition CS6 进行声音录制。

2.实验内容

录制一首配乐诗朗诵。

3.实现步骤

（1）检查系统配置。

①确认麦克风等录音设备已连接好。

②确认麦克风的采样深度和采样频率。右击 Windows 任务栏右侧的"音量控制"图标 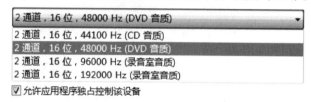，在弹出的快捷菜单中选择"录音设备"，在打开的对话框中双击"麦克风"，打开"麦克风 属性"对话框，选择"高级"选项卡，打开下拉式列表，选择适合的采样位深度和采样频率，本例选择列表中的"2 通道，16 位，48 000 Hz"就足够了。选好之后单击"确定"，回到"声音"对话框。

图 4.12　麦克风选项

③确认扬声器的采样深度和采样频率。在"声音"对话框中选择"播放"选项卡，双击"扬声器"打开"扬声器 属性"对话框，选择"高级"选项卡，在列表中选择与刚才一样的采样位深度和采样频率，即选择"16 位，48 000 Hz"，依次确定即可。

（2）执行"文件"→"新建"→"多轨混音项目"命令，在打开的"新建多轨混音"对话框中为项目取名"配乐诗录音"，选择位置，采样率为 48 000 Hz，位深度为 16 位，单击"确定"按钮，新建完成。

（3）单击"文件"面板中的"打开文件"按钮，选择"配乐.mp3"将该音乐文件加入列表中，双击文件列表中的"配乐诗录音.sesx"打开该文件，将"配乐.MP3"从文件列表中拖入右侧"编辑器"的"轨道 1"中，如图 4.13 所示。由于采样率等参数不同，需要重新采样，单击"确定"按钮即可。

图 4.13　"编辑器"面板

（4）单击"轨道 2"上的"R"标记准备录音，如图 4.14 所示，但此时并未开始录音。

图 4.14　准备录音

（5）找到自己要朗诵的诗歌，调节好情绪，确保周围安静后，单击"传输"面板中的"录制"按钮就开始录音了（见图 4.15）。录制完成后，再次单击此按钮停止录制。

图 4.15　开始录音

（6）录制完成后，单击"播放"按钮试听，使用实例 1 中的方法将开始和结束处不需要的部分删掉，并移动录音的波形到合适的位置。如果觉得录得不好，可以选择该录音波形，按 Delete 键删掉，再重新录制即可。

（7）执行"文件"菜单→"导出"→"多轨缩混"→"完整混音"命令，打开"导出多轨缩混"对话框，在对话框中选择文件类型为"MP3"或"WMA"，选好存放位置，起好名字，单击"确定"按钮即可。

4.2　视频处理

实例 4　视频剪辑

1.实验目的

（1）熟悉 Camtasia 的界面。

（2）学会使用 Camtasia 进行视频的剪辑。

（3）学会使用 Camtasia 为视频添加片头片尾。

2.实验内容

制作一个表演视频集锦，添加片头片尾。

3.实现步骤

（1）在"文件"菜单中选择"新建项目"新建一个视频文件，然后选择"功能区"的"库"选项卡，在库中找到主题"Theme-Calling Lights"，单击"+"，将列表中的"Animated Title"拖入"轨道 1"并对齐到最前面作为片头。

（2）单击"预览区"上面的"编辑尺寸"按钮，如图 4.16 所示，打开"编辑尺寸"对话框，在列表中选择视频尺寸为"480p SD(854×480)",单击"OK"按钮,在"预览区"中通过四周的控制点,按与调整图片类似的方法调整片头大小为整个屏幕,如图 4.17 所示。

图 4.16 编辑尺寸

图 4.17 调整片头大小

(3)在"轨道 1"中单击片头左上角的"+",然后双击展开的文字层,在"功能区"中输入片头文字"重庆人文科技学院××学院迎新晚会 视频集锦",分别调整文字的属性,在"预览区"中调整文本框的大小和位置,最后效果如图 4.18 所示。调整完后,单击"轨道区"任意位置收齐片头。

图 4.18 片头最终效果

（4）在"轨道区"中，将鼠标移动到片头的最右侧，出现双向箭头时拖动，将片头持续的时间长度调整为 10 秒左右，拖动时会出现标签指示"开始时间"和"持续时间"，如图 4.19 所示，注意观察。

图 4.19　调整片头时长

（5）单击"功能区"的"导入媒体"按钮，打开对话框后找到视频素材"节目一""节目二"，选择添加到"剪辑箱"，单击"轨道 1"上方的"+"，如图 4.20 所示；添加一个新的轨道"轨道 2"，将"节目一"拖入"轨道 2"，使片头的尾部和节目一的首部有一小段重合，如图4.21所示。

图 4.20　添加轨道　　　　　　图 4.21　片头和节目一位置

（6）选择"功能区"的"转场"选项卡，拖动"开门状"转场效果到"节目一"的前端，如图 4.22 所示。

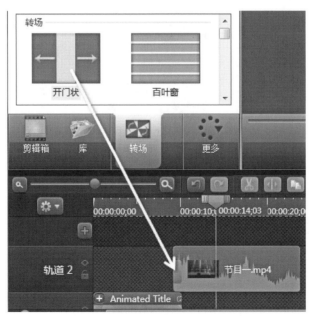

图 4.22　添加转场效果

（7）在"剪辑箱"中拖动"节目二"到"轨道 2"并使"节目一"和"节目二"首尾相接，如图 4.23 所示；在"转场"选项卡中，拖动"像素化"到"节目一"和"节目二"的连接处，如图 4.24 所示。

图 4.23　节目一和节目二拼接　　　　　图 4.24　添加转场效果

（8）在"库"选项卡中拖动"Theme-Calling Lights"下的"Basic Title"到"轨道 1"并接在 "节目二"之后作为片尾，如图 4.25 所示。单击片尾的"+"，双击展开的文字层，在"功能区" 中输入"梦想起航 创造辉煌"，调整文字属性，在"Fill"下拉列表中选择"No fill"，在"预览 区"调整文本框位置到屏幕中央，最终效果如图 4.26 所示。

图 4.25　节目二和片尾　　　　　图 4.26　片尾最终效果

（9）拖动"转场"选项卡中的"波纹"到片尾的前端，如图 4.27 所示。

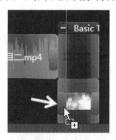

图 4.27　添加转场效果

（10）选择"播放"菜单中的"从开始播放"查看视频效果，确认无误后，选择"功能区"的 "生成和分享"，在弹出的"生成向导"对话框中选择下拉列表中的"MP4 with Smart Player （up to 480p）"；单击"下一步"按钮之后，为视频取名，选择位置，单击"完成"按钮，等待渲染 结束即可使用播放器播放视频。

生成后的视频会有很多文件，后缀名为".mp4"的文件即视频文件，其他文件若不需要可 删除。